AF542639

LES ÉLEMENS,

BALLET

DANSÉ PAR LE ROY,

Dans son Palais des Thuilleries,

En l'année 1721.

REPRÉSENTÉ

POUR LA PREMIERE FOIS,

PAR L'ACADÉMIE ROYALE

DE MUSIQUE,

Le 29 *Mai* 1725. *Le* 27 *Mai* 1734. *Le* 22 *Mai* 1742.

Et Remis au Théâtre le 14 Mai 1754.

PRIX XXX SOLS.

AUX DÉPENS DE L'ACADÉMIE.

A PARIS, Chez la V. DELORMEL & FILS, Imprimeur de ladite Académie, rue du Foin, à l'Image Ste. Geneviéve.

On trouvera des Livres de Paroles à la Salle de l'Opéra.

M. DCC. LIV.

AVEC APPROBATION ET PRIVILEGE DU ROY.

Les Paroles sont de Mr R O Y, *Chevalier de l'Ordre de Saint Michel.*

La Musique de feu Mr DESTOUCHES, *Sur-Intendant de la Musique du* R O I.

TERPSICORE,

AU ROY,

O Toi, de l'Univers la plus chere espérance,
PRINCE, dont les vertus assurent la puissance,
Toi qui fais rajeunir LA FRANCE & les beaux Arts,
Daigne sur TERPSICORE abaisser tes regards,
Donne aux Muses mes Sœurs la gloire de t'instruire,

Celle de t'amuser est la seule ou j'aspire.
Puissent pour toi mes Jeux devenir plus galans,
Puissent avec ton goût, s'élever les talens!
Je ne regrette plus les fêtes de la Grece,
Spectacles où les Rois éprouvoient leur adresse.
Quel prix tu mets à ceux que je vais célébrer!
De tes propres attraits, tu daignes les parer.
Prince, que ton palais s'ouvre au peuple qui t'aime,
En toi, dans ces momens il ne voit que toi-même,
Il trouve dans tes pas la noble activité,
Sur ton front l'air serein, la fleur de la beauté,
Dans tes jours rafermis, un espoir plein de charmes,
Jours devenus pour nous plus chers par nos allarmes!
Jusques dans tes plaisirs tu t'attires les cœurs,
Et de joye & d'amour tu vois couler des pleurs.
Le grand ROI, dont le ciel commence en toi l'image,
En adoptant mes Jeux, en consacra l'usage:
Et ceux qui sur la scene avoient suivi ses pas,
Le suivirent bien-tôt dans l'ardeur des combats.

Leur ſang & leur vertu pour Toi ſe renouvelle,
Leurs enfans ſous tes yeux font l'eſſai de leur zéle :
Tel en attendant l'âge & les ſoins des Héros,
Achille ennobliſſoit les jours de ſon repos.

ON a choisi LES ELEMENS comme un sujet capable de varier le Spectacle & la Musique, & l'on a conçu que des intrigues separées devoient moins fatiguer l'attention, qu'une Piéce en plusieurs Actes, & qu'elles amenoient les Divertissemens avec plus de facilité.

On a préféré aux Génies Elémentaires des personnages plus connus.

L'EAU est caracterisée par le naufrage d'*Arion*, par sa reception chez *Neptune*, pareille à celle de *Thésée* * chez *Achelous*, & par son mariage avec une Syrene, union convenable à leurs talens & au lieu où la Scene se passe.

LE FEU Elementaire ne pouvoit être que celui des Vestales, qui s'allumoient aux rayons du Soleil (car *Vulcain* ne désigneroit que le feu terrestre.) Le trait d'Histoire ** qu'on a adopté est célébre ; le peril d'*Emilie* intéressant, & l'action est dénouée par un prodige assorti à la superstitition des Romains.

L'AIR offre l'événement tragique d'*Ixion*, & son amour pour *Junon* qui préside à cet Element.

LA TERRE rassemble tous les Dieux qui l'habitent, ou qui la cultivent : Les plus agréables sont *Vertumme* & *Pomone*, dont l'avanture n'avoit point encore été mise au Théâtre, telle qu'*Ovide* nous l'a laissée.

Enfin, ce Ballet donne de soi-même l'idée du Prologue : LES ELEMENS sont nés du Cahos, l'on a saisi le moment de leur naissance : Et à l'exemple de *Virgile*, *** on a cru pouvoir annoncer dès le commencement du monde, les destinées D'UN PRINCE qui en doit faire le bonheur.

* Ovide, Métamorph. Liv. 9.
** Val. Max. c. 3.
*** Eclog. 4. Æneid. 6.

ACTEURS CHANTANS

Dans les Chœurs.

Côté du Roi.		Côté de la Reine.	
Mesdemoiselles.	*Messieurs.*	*Mesdemoiselles.*	*Messieurs.*
Larcher.	Lefebvre.	Rollet.	S. Martin.
Cazeau.	Le Page, C.	Daliere.	Gratin.
LeTourneur	Marotte.	Masson.	Le Messe
La Croix.	Levesque.	Gondré.	Albert.
Sallaville.	Le Roy.	Héry.	Le Vasseur.
Gaultier.	Selle.	Adelaïde.	Chapotin.
De S.Hilaire	Roze.	Lachanterie	Favier.
Béfort.	Robin.	Dauger.	Feret.
Edemée.	Antheaume.	Beyssac.	Du Perrier.
	Parent.		Lombard.
			Laurent.
			Jouven.

PERSONNAGES DU PROLOGUE.

LE DESTIN, Mr De Chassé.
VENUS, Mlle Jacquet.
Les Graces, & Plaisirs de la Suite de Venus.

PERSONNAGES DANSANS.

SUITE DE VENUS, LES GRACES,

Mlles Couppé, Chevrier, Marquise.

JEUX ET PLAISIRS,

Mlle CARVILLE.

Mr GALLINI.

Mr HYACINTHE, Mlle LABATTE.

Mrs Henry, Lauchery, Dupré, l. Trupty,

Mlles Sauvage, Raisme, Maupin, Morel.

PROLOGUE.

Le Théâtre repréſente le Cahos. C'eſt un amas de Nuages, de Rochers, d'Eaux immobiles & ſuſpenduës, de Feux qui s'échappent par des Volcans. Le DESTIN *eſt placé au milieu du Théâtre.*

SCENE PREMIERE.

LE DESTIN.

LEs tems ſont arrivés: ceſſez triſte Cahos.
Paroiſſez Elemens; dieux, allez leur preſcrire
Le mouvement & le repos:
Tenez-les renfermés chacun dans ſon Empire.

Coulez ondes, coulez, volez rapides feux,
Voile azuré des airs, embraſſez la Nature,
Terre enfante des fruits, couvre-toi de verdure
Naiſſez mortels, pour obéir aux dieux.

La Paix monte à sa Sphére, les nuages s'étendent, les arbres couverts de fleurs & de fruits, forment le Palais, & les deux aîles du Théâtre, découvrent les PALAIS DES ÉLEMENS.

SÇAVOIR,

Ceux de L'EAU, *Neptune, Thétis & les Syrenes:*
Ceux du FEU, *Vesta, Vulcain, les Forgerons:*
Ceux de L'AIR, *Junon, Eole, le Soleil, l'Aurore:*
Ceux de la TERRE, *Cybele, Cerés, Bacchus, Pomone, Flore:*

LES CHŒURS *d'un côté, sont des Mariniers, & de l'autre côté, des Moissonneurs.*

CHŒUR.

Paix adorable
Regnez sur nous;
Sans vous, rien n'est durable:
L'ordre de l'univers ne dépend que de vous.

SCENE II.

VENUS, *Suite de* VENUS, LE DESTIN.

VENUS.

TAndis qu'entre les dieux le monde se partage ;
Qu'aux divers Elemens, ils doivent présider,
L'Amour est oublié, c'est l'Amour qu'on outrage !
Sans lui tant d'intérêts peuvent-ils s'accorder ?
Rappellons aujourd'hui la Discorde bannie,
Hâtons-nous, rompons ses fers,
Dans le premier cahos replongeons l'univers ;
Des Elemens détruisons l'harmonie.

LE DESTIN.

Rassure-toi, Venus: A ces Dieux j'ai soûmis
La Terre, le Feu, l'Air & l'Onde ;
Mais que sert de marquer un empire à ton fils,
Ce seroit le borner, n'a-t-il pas tout le monde ?

VENUS.

Combien verrai-je, hélas durer tous ces honneurs,
S'il est vrai qu'un mortel doit naître,
Qui des autres, paisible maître,
Doit un jour à mon fils disputer tous les cœurs ?

LE DESTIN.

Après cent Rois célébres dans l'hiſtoire,
Il viendra des mortels accomplir les déſirs ;
Mais il doit des héros rappeller la mémoire ;
Et laiſſant à ton fils l'empire des plaiſirs,
Il ne voudra que celui de la gloire.

VENUS.

Mes ſoupçons jaloux ſont finis :
Vous, à qui l'avenir ſe montre ſans nuage,
Deſtin, faites-moi voir l'image
De ce mortel ſi ſemblable à mon fils.

Le fond du Théâtre s'ouvre, & l'on voit paroître LA STATUE DU ROY.

LE DESTIN.

Tu le vois, c'eſt des dieux le plus parfait ouvrage.
Célébrons les beaux jours que ſon regne préſage.

VENUS *alternativement avec les* CHŒURS.

Trompettes, éclatez, frappez, percez les airs,
Eclatez, annoncez un maître à l'univers.
Tous les cœurs volent ſur ces traces,
Tous les dieux vont s'unir pour ſa félicité,
Sur ſon auguſte front brille la majeſté ;
Dans ſes yeux regnent les graces.

On danſe.

Trompettes, éclatez, *&c.*

VENUS.

Que l'air forme pour lui de douces influences.

LE DESTIN.

Que la terre pour lui produise des lauriers.

ENSEMBLE.

Que le feu promt pour ses vengeances,
De cent foudres mortels arme ses fiers guerriers
Que ses vaisseaux maîtres des ondes,
Lui portent les trésors & les vœux des deux mondes.

On danse.

UNE GRACE.

Songez à faire usage
De vos loisirs,
La raison du bel âge
C'est le goût des plaisirs;

Qu'Amour regne en vos fêtes,
Venez, suivez ses pas;
Si ce dieu n'en est pas,
Vos jeux ont peu d'appas:

Il vous offre en ces lieux
Vos premieres conquêtes:
Il n'attend que vos vœux,
Hâtez-vous d'être heureux.

On danse.

UNE GRACE, alternativement avec le CHŒUR.

Ne ſuivez que l'Amour pour maître,
Craignez moins ſes tendres langueurs :
C'eſt pour lui qu'il vous a fait naître ;
Vivez pour lui, méritez ſes faveurs :
Sur ſes pas, les plaiſirs vont paroître ;
Le chercher, le ſentir, le connoître,
C'eſt le ſeul bien qui ſoit digne des cœurs.

On danſe.

CHŒUR.

Trompettes, éclatez, frappez, percez les Airs,
Eclatez, annoncez un maître à l'univers.

FIN DU PROLOGUE.

PREMIÉRE ENTRÉE
LE FEU.

PERSONNAGES,
DE LA PREMIERE ENTRÉE.

EMILIE, Mlle. Chevalier.
VALERE, M[r]. De Chassé.
L'AMOUR, Mlle. Dubois.
CHŒUR DE PRESTRESSES DE VESTA.
CHŒUR DE CHEVALIERS ROMAINS.

PERSONNAGES DANSANS.

VESTALES;

Mlle. LANY.
Mlles. Courcelle, Ponchon, Himblot, Garnier, Couppé, Marquise.

CHEVALIERS ROMAINS;

M[r]. LANY.
M[r]. LYONNOIS,
M[rs]. Feuillade, Desplaces, Hyacinthe, Gallini, Lepy, Henry.

PREMIERE

PREMIÉRE ENTRÉE,

LE FEU.

Le théâtre représente le vestibule du temple de Vesta, & au fond, le sanctuaire où est le feu sacré.

SCENE PREMIERE.

EMILIE, Troupe de PRESTRESSES.

CHŒUR.

FLamme que révere
Cet empire heureux,
De nos fiers ayeux
Trésor tutelaire,
Rayon precieux
Du flambeau des cieux,
Nuit & jour éclaire,
Et défend ces lieux.

EMILIE.

Brillez dans ces beaux lieux, brillez flamme éternelle,
Gage de notre gloire, objet de notre zéle.

Dès mes plus tendres ans asservie à vos loix,
Sous son empire un autre dieu m'appelle,
L'hymen forme pour moi la chaîne la plus belle,
Et je sers vos autels pour la derniere fois.

Brillez dans ces beaux lieux, brillez flamme éternelle,
Gage de notre gloire, objet de notre zele.

CHŒUR.

On vous doit la gloire,
Les jours des Cesars;
Par vous la victoire
Suit nos étendars.

Unique esperance,
Source de bienfaits,
Versez l'abondance,
Donnez-nous la paix.

On danse.

EMILIE.

O Vesta, terrible déesse,
Tu veux qu'un trépas honteux
Soit la peine de la prêtresse,
Qui laisse éteindre tes feux.

AUX PRESTRESSES.

Que vos ſoins aſſidus préviennent ſa vengeance,
Que vos fidelles cœurs attirent ſes bienfaits :
Un nœud miſterieux enchaîne pour jamais
Ses honneurs & notre puiſſance.

On danſe.

EMILIE, à ſa Suite.

Allez. Tant que la nuit obſcurcira les airs,
Sur le dépôt ſacré, j'aurai les yeux ouverts.

SCENE II.

EMILIE.

AMour, de mon bonheur aſſure le préſage,
Et d'un ſonge importun viens effacer l'image.

SCENE III.

EMILIE, VALERE.

EMILIE.

Ah! Valere, quel tems vous présente à mes yeux!
Un mortel ose-t'il pénétrer dans ces lieux?

VALERE.

Ma flamme impatiente
A vaincu tout obstacle : est-ce un crime pour moi,
Est-ce offenser le ciel garant de votre foi?

L'Amour va combler mon attente,
Bientôt l'aurore naissante
Me voit l'heureux rival des dieux:
Que je lise du moins mon bonheur dans vos yeux,
Ne me refusez pas un regard qui m'enchante.

EMILIE.

Ah! Devez-vous ici me parler de vos feux?

VALERE.

Quel azile si sévere
Est interdit à l'Amour?
Dans quel temple ce dieu ne se fait-il pas jour?
Il est le souverain des dieux qu'on y révere.

Vos beaux yeux font baignez de pleurs.
Eh, qui les fait couler ?

EMILIE.

Hélas! J'ai tout à craindre,
Le Ciel à notre hymen préfage mille horreurs.

VALERE.

Ah! Vous ne m'aimez plus.

EMILIE.

Je ferois moins à plaindre;
Apprenez donc tous nos malheurs.

Les voiles de la nuit commençoient à s'étendre,
Un fonge trop flateur vous offroit à mes yeux;
Je vous parlois; Jamais mon cœur ne fut plus tendre;
Quand de triftes clameurs ont monté jufqu'aux cieux.
J'ai vû Vefta, fa voix a glacé mon courage,
Le temple en a tremblé... du milieu d'un nuage,
Des feux étincelans ont éclaté fur nous,
Au moment que la mort me féparoit de vous.

VALERE.

Reprenez l'efpérance.
Nos feux feront victorieux :
Et j'en ai pour garants les dieux,
Vos attraits, & ma conftance.

EMILIE.

Jusques au jour naissant abandonnez ces lieux,
Je vais de mes devoirs remplir la loi suprême,
Je dois veiller ici.

VALERE.

L'Amour veille pour nous.

EMILIE.

Ce sont mes derniers soins; les dieux en sont jaloux,
Je retourne à l'autel.

VALERE.

Vous fuyez qui vous aime ?

EMILIE.

A mon bonheur je m'arrache moi-même;
Je porte à la déesse un cœur trop plein de vous.

VALERE.

L'absence d'un moment m'est un supplice extrême.

SCENE IV.

Le Théâtre s'obſcurcit par l'extinction du feu ſacré, & la clarté céde à la nuit.

VALERE, EMILIE CHŒUR DE PRESTRESSES.

CHŒUR.

QUel bruit affreux ! Quel préſage effroyable !
O ſort cruel ! O prêtreſſe coupable ?

VALERE.

De quels lugubres cris retentiſſent ces lieux ?

SCENE V.

EMILIE, VALERE.

EMILIE.

QU'ai-je fait ! Quelle horreur ! Tonnez, frapez, grands dieux :
Sur moi ſeule épuiſez votre haîne implacable.

VALERE.

Qu'avez-vous, Emilie ! Et quel trouble confus....

EMILIE.

Je tremble, je frémis, le feu ſacré n'eſt plus.
J'entends déja la foudre menaçante,

Les prêtres, le ſénat, les peuples en fureur,
L'on creuſe mon tombeau, l'on m'y traîne vivante,
Et d'une lente mort j'y vais ſubir l'horreur.

VALERE.

Ah! Périſſe plutôt ce peuple & ſa puiſſance,
Périſſent mille fois
Les aveugles auteurs de ces barbares loix,
Qui des fautes du ſort accablent l'innocence,
Je vous verrois mourir! Impitoyables dieux;
Ah! Si des feux ſi purs arment votre vengeance,
Qui donc eſt innocent, ou coupable à vos yeux!

EMILIE.

Ne faites point aux Dieux un reproche inutile.

VALERE.

Fuyons de ces triſtes lieux,
Suivez qui vous adore...

EMILIE.

Où ſera notre azile?
Non, non, laiſſez-moi ſeule attendre le trépas,
Ici votre préſence offenſe trop ma gloire,
Et vos efforts ne me ſauveroient pas.
Adieu, conſervez ma mémoire;
Je pardonne au ciel en courroux,
S'il ajoûte à vos jours ceux que je perds pour vous.

ENSEMBLE.

ENSEMBLE.

Ciel implacable, que j'implore,
Frape, lance tes traits, termine mes malheurs,
Non, non, fai ſur moi { ſeul / ſeule } éclater tes rigueurs,
Epargne l'objet que j'adore.
Mais, quel éclat ſe répand dans ces lieux !
C'eſt l'Amour qui deſcend des cieux.

SCENE VI.

L'AMOUR, un flambeau à la main, deſcend ſur un nuage, & rallume le feu ſacré.

L'AMOUR, EMILIE, VALERE.

L'AMOUR.

MOn flambeau ſur l'Autel fait revivre la flame.
Les maux que fait l'Amour, il ſait les réparer.
Vivez belle Emilie, & raſſurez votre âme ;
C'eſt votre hymen que je viens éclairer.

EMILIE, ET VALERE.

Tu fléchis les deſtins contraires,
Amour, ah ! Qu'à ce prix nos peines nous ſont cheres !

L'AMOUR.

Venez, Peuples, venez célébrez ce beau jour,
L'hymen d'une Veſtale a fondé votre empire;

Un autre y fait briller le flambeau de l'Amour,
Chantez, ouvrez vos cœurs aux transports que j'inspire.

Les Seigneurs Romains entrent pour mener la Vestale hors du temple.

VALERE, au Peuple.

Vous qui voyez l'objet dont je suis enchanté,
Applaudissez à ma félicité.

On danse.

VALERE, à EMILIE.

Le feu qu'en ce Temple on adore,
Languit, s'éteint, s'il manque de secours,
Le feu qui pour vous me dévore,
A pris dans vos beaux yeux de quoi durer toujours.
Que de vos chants retentissent les airs.
Je triomphe du sort qui nous faisoit la guerre ;
L'Amour commande au ciel, à la terre, aux enfers,
Et dans la main des dieux il éteint le tonnere.

CHŒUR.

Que de nos chants retentissent les airs.
Triomphez du Destin qui vous faisoit la guerre ;
L'Amour commande au ciel, à la terre, aux enfers.
Et dans la main des dieux il éteint le tonnere.

FIN DE LA DEUXIÉME ENTRÉE.

DEUXIEME ENTRÉE,

L'AIR.

PERSONNAGES
DE LA DEUXIÉME ENTRÉE.

IXION, Mr De Chassé.

JUNON, Mlle Jacquet.

MERCURE, Mr Poirier.

JUPITER, Mr Cuvillier.

LES HEURES *du* JOUR *&* *de la* NUIT.
CHŒURS d'AQUILONS *&* *de* ZEPHIRS.

PERSONNAGES DANSANS.

LES HEURES.

Mlle PUVIGNÉE.

Mlles Courçelle, Ponchon, Victoir, Raisme, Couppé, Grainier.

LES ZEPHIRS.

Mr BEAT.

Mrs Gaillini, Lepy, Laucheri, Dupré, f

SECONDE ENTRÉE.

L'AIR.

Le Théâtre repréſente le Palais de JUNON.

SCENE PREMIERE.

IXION.

DE la reine des airs, tout m'annonce la gloire,
Et tout ce que je vois irrite mes déſirs ;
Déſirs ambitieux, hélas ! Dois-je vous croire ?
Faut-il vous étouffer & perdre mes plaiſirs ?
Malheureux Ixion, quel eſpoir de victoire
Autoriſe ici tes ſoupirs ?

SCENE II.

MERCURE, IXION,

MERCURE.

DEpuis que je vous vois à la table des dieux,
Vous n'avez point encore employé ma puiſſance.
Verriez-vous nos beautez avec indifférence?
Ne m'en impoſez pas; Mercure a de bons yeux.

IXION.

Tout occupé du rang où mon bonheur me place,
Nul autre ſoit ne m'embaraſſe.

MERCURE.

Pour occuper les cœurs la grandeur n'a qu'un jour,
Bientôt ſon éclat importune:
Et la plus brillante fortune
Pour nous déſennuyer, nous rend au tendre Amour.
Aimez, n'eſt-il donc rien qui puiſſe ici vous plaire?

IXION.

Hé bien, conſeillez-moi; quel choix devrois-je faire?

MERCURE.

De l'ennui d'un nouvel époux
Conſolez la jeune Aurore;

A Zephire disputez Flore,
Quel triomphe sera plus doux ?
L'une & l'autre vous implore
Contre l'amant volage, & le mari jaloux.

IXION.

Non, non, à ces beautez je ne rends point les armes.
L'Aurore avec Cephale, oubliera ses malheurs ;
Il sait l'art de tarir ses pleurs ;
Et Flore connoît peu les charmes
Des fidelles ardeurs.
Non, non, à ces beautez je ne rends point les armes.

MERCURE.

Pour votre cœur généreux & fidelle.
La fierté de Junon seroit belle à dompter.

IXION.

De Junon !

MERCURE.

Je sais trop votre respect pour elle :
Par des soins empressez on le voit éclater.

IXION.

Pour la Reine des cieux, peut-on blâmer mon zele ?

MERCURE.

S'il n'est rien dans les cieux qui vous puisse arrêter,
Descendons sur la terre où Jupiter m'appelle ;
Occupons comme lui, quelque aimable mortelle.

IXION.

A vos ſages conſeils qui pourroit reſiſter ?

ENSEMBLE.

Conſultons le plaiſir, écoutons moins la gloire ;
Des aveugles mortels évitons les erreurs ;
Ils cherchent, en aimant, l'éclat de la victoire,
Contentons-nous d'en gouter les douceurs.

MERCURE.

Vous ne me ſuivez pas ?

IXION.

Préparez la conquête,
J'attens votre retour.

MERCURE.

Je ſais ce qui t'arrête.

IXION à part.

Auroit-il reconnu l'objet de mon amour ?

SCENE

SCENE III.

Le Palais de JUNON s'ouvre ; Elle est sur son trône, le Temps est à ses pieds, les Heures à côté d'elle, avec les Aquilons & les Zéphirs. IRIS paroît sur son Arc, derriere le Trône.

CHŒUR.

TRiomphez, triomphez souveraine des airs,
Tout est prêt d'obéir à vos ordres divers.

LES ZÉPHIRS.

Recevez des Zéphirs les paisibles hommages.

LES AQUILONS.

Ouvrez aux Aquilons & la terre & les mers.

LES ZÉPHIRS.

Par de beaux jours, enchantons l'univers.

LES AQUILONS.

Faisons voler par tous l'horreur & les orages.

LES ZÉPHIRS.

L'Aurore de ses feux va dorer les nuages.

LES AQUILONS.

Faisons régner la nuit & les hyvers.

JUNON.

Aquilons, aux Zéphirs ne faites plus la guerre,
Laissez tous les mortels jouir de mes présens;
C'est des cœurs satisfaits que je veux de l'encens,
Junon fait son bonheur du repos de la terre.

Diligente Aurore,
Répandez encore
Des feux plus brillans;
Commandez au Temps
D'épargner de Flore
Les trésors naissans. *On danse.*

JUNON, alternativement avec le CHŒUR.

Heures favorables
Aux vœux d'un amant,
Coulez lentement,
Soyez durables :
Heures de peine & de tourment,
Passez promptement. *On danse.*

JUNON, alternativement avec le CHŒUR.

Vole à ma voix dieu du printems,
Ton amour constant pour Flore,
La rendra plus belle encore :
Regne dieu du printems,
Rend les mortels toujours contens.

On danse.

JUNON.

Allez Zéphirs, calmez le ciel, la terre & l'onde;
Allez, & de Junon répandez les bienfaits:
Qu'Iris annonce au monde
Les beaux jours & la paix.

SCENE IV.

JUNON, IXION.

JUNON.

ME trompai-je, Ixion ? Votre faveur nouvelle
M'assure-t-elle en vous, un ministre fidelle,
A qui je puisse ouvrir mon cœur ?

IXION.

Quelle gloire plus belle,
Quel bien pour moi plus précieux ?
C'est lire dans mon cœur, que d'approuver mon zele :
Ah ! De ce seul moment je me crois dans les cieux.

JUNON.

Vous sçavez qu'en dépit de mon amour extrême,
Jupiter me trahit, m'offense chaque jour.

IXION.

Jupiter est perfide, & toujours Junon l'aime !
Quoi, ce dieu si chéri peut quitter ce séjour !
Je l'ai cru moins heureux de sa grandeur suprême,
Que de l'excès de votre amour.

JUNON.

Allez cher Ixion, descendez sur la terre,
Mes Aquilons n'obéiront qu'à vous:
Sachez quelle beauté plaît au dieu du tonnerre,
Et livrez la victime à mes transports jaloux.

IXION.

Avec bien moins de courroux
La vengeance se signale:
Ne punissez que l'époux,
Sans songer à la rivale.

JUNON.

Eh! Qui peut remplacer Jupiter dans mon cœur?

IXION.

Un Amant moins superbe, & plus rempli d'ardeur.

JUNON.

Que dites-vous? D'une ardeur indiscrete
Quelque Dieu près de moi vous fait-il l'interprete?

IXION.

Un dieu! Qui donc d'entre-eux emprunteroit ma voix?
Pour le bonheur d'un dieu, voudrois-je vous déplaire?
Non, je vous armerois contre le téméraire.

JUNON.

J'estime ce courroux autant que je le dois.

IXION.

Ah ! N'en pouvez-vous pas pénétrer le miſtere ?

Des feux les plus ardens je me ſens dévorer :
Jugez quelle eſt leur violence ,
Si , malgré le danger de rompre le ſilence ,
Un mortel a Junon , oſe les déclarer ;
Jugez quelle eſt leur violence.

JUNON.

Quel diſcours , quelle horreur , quels tranſports furieux !
Pour jamais évite mes yeux.

IXION.

Non, j'aime mieux les voir tout armez de colere.
Non , précipitez-moi des cieux ;
Si je ne vous vois pas, rien ne ſçauroit m'y plaire ;
Je vous ſuivrai par tout, à toute heure, en tous lieux,
Non , précipitez-moi des cieux ,
Partagez ou vengez un amour téméraire.

JUNON.

Quoi ! Plus coupable encor tu braves ma fureur ?

IXION.

Vos bontez m'ont trahi ; quand je voulois me taire,
Vous avez arraché le ſecret de mon cœur.

Percez ce triste cœur, prenez votre victime,
Frapez.. je ne me puis repentir de mon crime ..
A mes pleurs, à mes cris, à mes vives douleurs;
N'offrez-vous d'autre prix que toutes vos rigueurs!

Un nuage dérobe JUNON aux yeux D'IXION.

Mais quel nuage nous sépare!
Déesse, où fuyez-vous!... Que dis-je? Je m'égare,
Le nuage s'entrouvre... O spectacle fatal!

SCENE V.

JUPITER, IXION.

JUPITER.

SErs d'exemple aux ingrats, tombe au fonds du
Tartare.

IXION.

Dieu cruel, dieu barbare,
Je meurs du moins ton rival.

FIN DE LA DEUXIÉME ENTRÉE.

TROISIEME ENTRÉE.

LA TERRE.

PERSONNAGES
DE LA TROISIÉME ENTRÉE.

POMONE, Mlle Chevalier.
VERTUMNE, Mr Jeliotte.
PAN, Mr Gelin.
CHŒUR DE CHASSEURS.
UNE BERGERE, Mlle Dubois.
CHŒURS de BERGERS & de BERGERES.

PERSONNAGES DANSANS.

SUITE DE PAN;

FAUNES ET DRYADES.

Mr LYONNOIS.

Mrs Desplaces, Henry, Le Lievre.

Mlles Desirée, Sauvage, Chevrier.

SUITE DE VERTUMNE;

BERGERS ET BERGERES.

Mr LEPY, Mlle PUVIGNÉE.

Mrs Hamoche, Caiez.

Mlles Himblot, Raisme.

SUITE DE POMONE;

PASTRES.

Mlle LYONNOIS.

Mrs Feat, Lauchery.

Mlles Grainier, Couppé.

TROISIÉME ENTRÉE.

LA TERRE.

Le théâtre répréſente les jardins fruitiers de POMONE.

SCENE PREMIERE.

VERTUMNE,

un maſque de femme, à la main.

AMour, rends à mes feux Pomone moins rebelle,
Mes rivaux dans ſes fers ont envain ſoupiré :
Sans être plus heureux, Vertumne eſt plus fidelle;
Sous ce déguiſement, que tu m'as inſpiré,
Amour, rends à mes feux Pomone moins rebelle.
Mais, c'eſt elle que j'aperçoi.

SCENE II.

POMONE, VERTUMNE, *sous la forme* de NERINE.

VERTUMNE.

Belle Pomone, enfin je vous revoi;
Vous fuyez tous les yeux dans ce charmant azile,
Le bonheur de vous voir n'est donc fait que pour moi.

POMONE.

J'y viens rever: c'est un plaisir tranquille,
Nerine, je n'y veux d'autres témoins que toi.
Jardins délicieux, agréables retraites,
Que je vous dois de paisibles momens?
Beaux lieux, dont la nature a fait les ornemens,
Heureux qui sent le prix de vos douceurs secretes.

VERTUMNE.

Ne jouissez-vous pas du bonheur que vous faites?
Ces champs si fertiles, si beaux,
Cette terre docile à vos heureux travaux,
Les fruits dont elle se couronne,
Tout présente aux yeux de Pomone,
Des triomphes toujours nouveaux.

POMONE.

J'aime ce séjour solitaire;
Des amans importuns j'y fuis l'empressement.

VERTUMNE.

Si quelque amant pouvoit vous plaire,
Il vous rendroit ce séjour plus charmant,
L'Amour sait embellir tous les lieux qu'il éclaire,
La solitude plaît avec un tendre amant.

Nos dieux, de vos rigueurs ne cessent de se plaindre,
Quoi! Serez-vous sans cesse en guerre avec l'Amour?

POMONE.

Je lui pardonnerai peut-être dès ce jour.

VERTUMNE.

à part.

Ciel! Quel nouveau rival aurai-je encore à craindre?

On entend un bruit de chasse.

POMONE.

Quel bruit trouble ici notre paix?
Dieux, gardez nos vergers, défendez mon ouvrage
Contre l'affreux ravage
Des monstres des forêts.

SCENE III.

PAN, VERTUMNE, POMONE.

Troupe de CHASSEURS.

PAN.

LE monſtre eſt tombé ſous mes traits,
Et ſa dépouille eſt un hommage,
Que mon amour préſente à vos attraits.

POMONE.

C'eſt avec bien du bruit m'expliquer votre flâme.

PAN.

L'éclat en ma faveur doit prévenir votre ame.
A mille autres appas mon cœur a réſiſté.
Qu'un mutuel amour aujourd'hui vous engage.
Goûtez, goûtez l'avantage
De triompher d'un dieu fier de ſa liberté.

POMONE.

L'appareil de votre victoire
M'éfraye autant que le danger.

PAN.

Faunes, Silvains, chantez ſa gloire,
Sous ſes loix je veux vous ranger.
Elle enchaîne mon cœur & m'ôte la memoire
Des plus charmans objets, qui vouloient m'engager.

CHŒUR.

Chantons ſa gloire,
Sous ſes loix il faut nous ranger.

On danſe.

PAN, alternativement avec LE CHŒUR.

Chantez tous Pomone,
Chantez ſes attraits,
L'Amour vous l'ordonne,
PAN. Je } céde à ſes traits,
CHŒUR. Tout }
Il regne juſqu'en nos forêts.
Heureux eſclavage!
Un cœur qui s'engage
Triomphe du poids de ſes fers;
PAN. Offrez vos } charmants concers:
CHŒUR. Offrons nos }
Sur cent tons divers,
Trompettes, ſonnez dans les airs.

On danſe.

POMONE.

Je reçois votre hommage avec reconnoiſſance;
Mais laiſſez-moi diſſiper ma frayeur:
Allez, & marquez-moi par votre obéiſſance,
Ce que je puis ſur votre cœur.

SCENE IV.

POMONE, VERTUMNE, *sous la forme de* NERINE.

VERTUMNE.

AUx soupirs du Dieu Pan vous êtes peu sensible.

POMONE.

Eloignons-nous, s'il est possible.

VERTUMNE.

Où voulez-vous aller ¿

POMONE.

Je ne sai; suis mes pas

Non, demeure plutot.

VERTUMNE.

Je ne vous quitte pas.

POMONE.

Je te cheris, Nerine, & sais ton zele extrême.

VERTUMNE.

Non, vous ne sçavez pas à quel point je vous aime.

POMONE.

Penses-tu que l'Amour puisse encore nous former
Ces douceurs, ces plaisirs dont nos chants l'aplaudissent?

VERTUMNE.

Croyez que le bonheur dont les amans jouissent,

Se ſent mille fois mieux qu'on ne peut l'exprimer.
L'hommage du dieu Pan vous touchera peut-être.

POMONE.

Ah! Qu'un amant aimable eſt pour nous dangereux!

à part.

Que mon trouble eſt affreux!
Je voudrois que mon cœur pût demeurer ſon maître:

à VERTUMNE.

Donne-moi tes conſeils, je n'écoute que toi.

VERTUMNE.

Tout ce que vous voyez vous parle mieux que moi.
Voyez dans ces vergers la ſource qui ſerpente,
Elle embraſſe cent fois les jeunes arbriſſeaux:
Unie avec l'ormeau, cette vigne abondante
S'éleve & croît ſur ſes rameaux.
Cette autre ſans appui demeure languiſſante;
Ces palmiers amoureux s'uniſſent en berceaux;
C'eſt le plaiſir d'aimer que le roſſignol chante;
Ces ondes & ces bois, ces fruits & ces oiſeaux,
Tout vous eſt de l'amour une leçon vivante.

POMONE.

Hélas!

VERTUMNE.

Vous ſoupirez.

POMONE.

Quel mouvement confus?
Voi ſi dans ces jardins on ne peut nous entendre.

VERTUMNE.

Vous êtes seul ici, parlez.

POMONE.

Il faut se rendre.
Tes conseils sont suivis ou plutot prévenus:
Du dieu que je bravois je n'ai pû me défendre.

VERTUMNE.

à part.

Vous aimez ! .. Quel objet ! .. Que va-t-elle m'apprendre ?

POMONE.

Tu me justifieras de mon vainqueur.
L'amant que j'aime ignore sa victoire :
Nerine, jure-moi de ménager ma gloire.

VERTUMNE.

Ah ! Ce n'est pas de moi qu'il saura son bonheur.

POMONE.

Mais faudra-t-il toujours qu'il l'ignore lui-même ?

VERTUMNE.

Eh c'est...

POMONE.

Vertumne.

VERTUMNE.

O ciel !

POMONE.

C'est Vertumne que j'aime ?

VERTUMNE.

En se démasquant.

Vertumne à vos genoux meurt de joye & d'amour.

POMONE.

Que vois-je ! O dieux ! Par quel détour
Avez-vous forcé mon silence !
Je devrois vous punir d'une pareille offense.

VERTUMNE.

N'ai-je pas trop souffert à cacher mes transports ?

POMONE.

Contre un amant qui plaît on fait de vains efforts.

ENSEMBLE.

Vole Amour, joui de ta gloire,
Triomphe, c'est à toi que nos plaisirs sont dûs ;
Répare les momens que { mon / son } cœur a perdus
A te disputer la victoire.

POMONE.

Que tout brille en ces lieux d'une beauté nouvelle,
Que l'air y soit plus pur, & la terre plus belle.
Et vous que mes bienfaits ont soumis à mes loix,
Venez, accourez-tous, & célébrez mon choix.

SCENE V.

VERTUMNE, POMONE, JARDINIERS, ET JARDINIERES.

CHŒUR.

Echos, réveillez-vous, répétez nos chanſons,
De ſi beaux nœuds font le bonheur du monde;
Que pour eux des plaiſirs la ſource ſoit féconde,
Comme nos plus riches moiſſons.

On danſe.

POMONE.

Charmant Amour, lancez tous vos traits dans mon ame,
Oiſeaux, dont le printems renouvelle la flamme,
Chantez, rendez hommages à mon vainqueur;
De ce jour ſeulement je compte mon bonheur.

On danſe.

UNE BERGERE,

alternativement avec LE CHŒUR.

De nos fleurs
Les vives couleurs
N'ont point à l'aurore
Couté de pleurs.

Tendre Amour,
Tu les fais éclore,
Tu vaux à Flore
Le plus beau jour.

De tes ardeurs,
De tes langueurs
Viens répandre les charmes
Dans tous les cœurs.

Plus d'allarmes,
Que tes armes
Soient nos ſoupirs
Et nos plaiſirs.

On danſe.

UNE BERGERE.

Ah ! Que d'aimables loix
L'Amour impoſe à nos hommages!
Ah ! Que ſur nous cent fois
S'épuiſe ſon carquois :

Il réveille vos ramages,
Oiſeaux, il dit par vos voix:
Cœurs volages,
Cœurs ſauvages,
Fuyez de ces bois :

Non, non, ſans la tendreſſe
Ne comptons plus de jeuneſſe,
Non, l'Amour ſait tromper le tems;
Pour ceux qu'il bleſſe
Tout devient printems.

On danſe.

CHŒUR.

Echos, réveillez-vous, repetez nos chanſons.
De ſi beaux nœuds font le bonheur du monde,
Que pour eux des plaiſirs la ſource ſoit féconde,
Comme nos plus riches moiſſons.

FIN.

APPROBATION.

J'Ai lû par ordre de Monſeigneur le Chancelier une reimpreſſion *du Ballet des Elemens*. A Verſailles, ce quinze Avril 1754.

DEMONCRIF.

www.ingramcontent.com/pod-product-compliance
Lightning Source LLC
LaVergne TN
LVHW010004230826
846092LV00002B/641

* 9 7 8 2 3 2 9 6 7 1 4 8 2 *